Stark wie ein Baum - Frühling, Natur, Ostern, Walpurgisnacht, Muttertag

Das Liederbuch mit allen Texten, Noten und Gitarrengriffen zum Mitsingen und Mitspielen

Gesammelt und herausgegeben von Stephen Janetzko

Copyright © 2015 Verlag Stephen Janetzko, Erlangen
www.kinderliederhits.de
Alle Lieder verlegt bei Edition SEEBÄR-Musik Stephen Janetzko, Erlangen
Online-Shop im Internet unter www.kinderlieder-shop.de
Coverzeichnung: Petra Lefin - Covergrafik: Stephen Janetzko mit Marco Breitenstein
Notensatz, grafische Vorbereitung und Idee: Stephen Janetzko
All rights reserved.

ISBN-10: 3957220793

ISBN-13: 978-3-95722-079-0

Inhaltsverzeichnis

Lieder: | **Seite:**

Lied	Seite
Stark wie ein Baum	4
Heut gehn wir raus (Becherlupen-Lied)	5
Frühlingslied (Winter ade)	7
Das Lied von der Raupe Nimmersatt	8
Der Bauer auf dem Traktor	11
Wenn ich ein kleines Vöglein wär	12
Wir freun uns schon auf Ostern!	13
April, April (der weiß nicht, was er will)	14
Schein, Sonne, scheine	14
Hopplahopp, der Osterhase	15
Hier ein Ei und dort ein Ei (Die Ostereier-Suche)	16
Has, Has, erzähl mir was! (Ostern und der Osterhase)	17
Hix-hex, Hexe (Heut ist die Walpurgisnacht)	18
Die kleine Hexe Wolkenbruch (Spiellied)	19
Erst kommt der Sonnenkäferpapa (Der Sonnenkäferreigen)	20
Natur pur (Warum sind wir so dumm?)	21
Mama, ach ich hab dich lieb! (Mama-Lied)	22
Mein Papa ist der Champion (Papa-Lied)	23
Der kleine Wassergeist	24

Stark wie ein Baum

Text und Musik: Stephen Janetzko; CD "Stark wie ein Baum"
© Edition SEEBÄR-Musik Stephen Janetzko, www.kinderliederhits.de

Refrain: Stark wie ein Baum will ich sein, will ich sein. Stark wie ein Baum, stark wie ein Baum.

1. Weil ich viele Wurzeln hab, bin ich stark, bin ich stark. Weil ich viele Wurzeln hab, bin ich stark, bin ich stark.

Refrain: Stark wie ein Baum ...

2. Hab ich einen dicken Stamm, bin ich stark, bin ich stark...
Refrain: Stark wie ein Baum ...

3. Weil ich viele Ringe hab, bin ich stark, bin ich stark...
Refrain: Stark wie ein Baum ...

4. Weil ich viele Äste hab, bin ich stark, bin ich stark...
Refrain: Stark wie ein Baum ...

5. Weil ich viele Zweige hab, bin ich stark, bin ich stark...
Refrain: Stark wie ein Baum ...

6. Weil ich viele Blätter hab, bin ich stark, bin ich stark...
Refrain: Stark wie ein Baum ...

7. Weil ich eine Krone hab, bin ich stark, bin ich stark...
Refrain: Stark wie ein Baum ...

8. Wenn mich jemand richtig mag, bin ich stark, bin ich stark...
Refrain: Stark wie ein Baum ...

Heut gehn wir raus (Das Becherlupen-Lied)

Text: Heidemarie Brosche; Musik: Stephen Janetzko; CD "Stark wie ein Baum"
© Edition SEEBÄR-Musik Stephen Janetzko, www.kinderliederhits.de

Tempo: ca. 120

1. Ach, wie schön, heut gehn wir raus, du, ich freu mich rie-sig drauf!
Halt, die Be-cher-lu-pe auch, weil ich die ganz drin-gend brauch!
Es-sen, Trin-ken, Mal-pa-pier, al-les steckt im Ruck-sack hier.
Klei-ne Tie-re will ich sehn, gut soll's ih-nen bei mir gehn.
Will sie ganz ge-nau be-trach-ten, werd be-hut-sam auf sie ach-ten.
Ach, wie schön, heut gehn wir raus!
La-la la-la la la la.

2. Schau mal, dieser **Regenwurm** gräbt bei Wärme und bei Sturm.
Nur bei Regen kommt er raus, Wasser läuft ja in sein Haus.
Wenn es heiß und trocken ist, wird er von uns sehr vermisst.
Dann hält er den Sommerschlaf in der kühlen Erde brav.
Nein, er ist kein Stubenhocker, macht ja meist die Erde locker.
Schau mal, dieser Regenwurm! La-la la-la la la la.

3. Der **Marienkäfer** dort fliegt rot-schwarz von Ort zu Ort.
Sieht er auch sehr niedlich aus, frisst er doch gern eine Laus.
Mit sechs Krallenbeinen dran, kommt er äußerst flott voran.
Scheint er von Gefahr bedroht, tut er so, als wär er tot.
Bleibt nicht lange scheintot liegen, will ja wieder weiterfliegen.
Der Marienkäfer dort! La-la la-la la la la.

4. Zähl vom **Tausendfüßler** da mal die Beine, dann wird klar:
Sind nur ein paar hundert Stück. Dennoch fehlt ihm nichts zum Glück.
Droht ein Feind, rollt er sich ein oder krabbelt untern Stein.
Manchmal spritzt er auch mit Gift, hofft, dass er den Gegner trifft.
Hält die Fühler immer sauber und beherrscht den Humus-Zauber.
Dieser Tausendfüßler da! La-la la-la la la la.

5. Guck mal, diese **Raupe** hier ist ein ganz verfressnes Tier,
schmatzt und mampft den ganzen Tag, weil sie Blätter ganz arg mag.
Bald schon wird's ein andres Ding, fliegt dann als ein Schmetterling.
Schlüpft aus einer Puppe raus. Dann ist's mit der Raupe aus.
Darf auf keinen Fall vergessen, sich jetzt tüchtig satt zu fressen.
Guck mal, diese Raupe hier! La-la la-la la la la.

6. Diese **Schnecke** mit dem Haus steckt ihr Köpfchen mutig raus.
Plötzlich aber ist es weg. Hat die Schnecke sich erschreckt?
Beine sieht man nicht am Tier, einen Kriechfuß hat's dafür.
Was die Schnecke ganz arg mag: Wenn es feucht ist Nacht und Tag.
Grünzeug sollt's auch immer geben. Vorsicht, bleib am Schleim nicht kleben!
Diese Schnecke mit dem Haus! La-la la-la la la la.

7. Schau dir diese **Spinne** an, was die alles weben kann!
Ja, ein solches Netzgeflecht ist zum Beutemachen recht.
Männchen lockt mit Silbergarn, Weibchen legt die Eier dann.
Gerne bleibt sie auch allein, denn sie will in Ruhe sein.
Kriegt sie lange nichts zu beißen, wartet sie ganz ruhig auf Speisen.
Schau dir diese Spinne an! La-la la-la la la la.

8. Diese **Kellerassel** hier ist ein echtes Krebsgetier -
Kiemen hat sie wie ein Fisch. Faules gibt's bei ihr zu Tisch.
Dunkel-feucht liebt sie es sehr, trocken mag sie's nimmermehr.
Schau, im kleinen Beutel dort trägt sie ihre Kinder fort,
bis die Kleinen selber laufen und durch ihre Kiemen schnaufen.
Diese Kellerassel hier! La-la la-la la la la.

Frühlingslied (Winter ade)

Text: Barbara Cratzius; Musik: Stephen Janetzko; CD "Stark wie ein Baum"
© Edition SEEBÄR-Musik Stephen Janetzko, www.kinderliederhits.de

1. Januar und Februar, ich sag euch ade.
Sturm, nun putz den Himmel blank, und tau weg den Schnee.
Sturm, nun putz den Himmel blank, und tau weg den Schnee.

2. März, komm her, wo bleibst denn du?
Los, wir warten sehr!
Sonne, putz die Augen blank,
schick den Frühling her.
Sonne, putz die Augen blank,
schick den Frühling her.

3. Kalter Winter, deine Zeit
ist doch nun vorbei.
Und ich putz mein Fahrrad blank!
Auf geht`s! Los! Juchhei!
Und ich putz mein Fahrrad blank!
Auf geht`s! Los! Juchhei!

4. Immer schneller läuft mein Rad,
keiner holt mich ein.
Und ich freu mich jeden Tag
übern Sonnenschein.
Und ich freu mich jeden Tag
übern Sonnenschein.

Das Lied von der Raupe Nimmersatt

Text und Musik: Stephen Janetzko (inspiriert von Eric Carle - "Die kleine Raupe Nimmersatt")
CD "Stark wie ein Baum" © Edition SEEBÄR-Musik Stephen Janetzko, www.kinderliederhits.de

Refrain: Kleine Raupe Nimmersatt ...

2. Doch am Dienstag, Dienstag, Dienstag, weil sie großen Hunger hat,
frisst sie sich dann durch zwei Birnen
und ist immer noch nicht satt, und ist immer noch nicht satt.

Refrain: Kleine Raupe Nimmersatt ...

3. Doch am Mittwoch, Mittwoch, Mittwoch, weil sie großen Hunger hat,
frisst sie sich dann durch drei Pflaumen
und ist immer noch nicht satt, und ist immer noch nicht satt.

Refrain: Kleine Raupe Nimmersatt ...

... großen Hunger hat, frisst sie sich dann durch vier Erdbeern
und ist immer noch nicht satt, und ist immer noch nicht satt.

Refrain: Kleine Raupe Nimmersatt ...

5. Doch am Freitag, Freitag, Freitag, weil sie großen Hunger hat,
frisst sie sich durch fünf Orangen
und ist immer noch nicht satt, und ist immer noch nicht satt.

Refrain: Kleine Raupe Nimmersatt ...

6. Doch am Samstag, Samstag, Samstag, weil sie großen Hunger hat,

frisst sie sich durch Schokoladenkuchen, Eiswaffel, saure Gurke, Scheibe Käse, ein Stück Wurst, einen Lolli, Früchtebrot, Würstchen, Törtchen, Melone, und am Abend ist ihr schlecht, und am Abend ist ihr schlecht.

Refrain: Kleine Raupe Nimmersatt ...

7. Doch am Sonntag, Sonntag, Sonntag ist ihr gar nicht gut zumut´,
frisst sich durch ein grünes Blättchen.
Endlich geht's ihr wieder gut, endlich geht's ihr wieder gut.

Refrain: Kleine Raupe Nimmersatt ...

8. Und zwei Wochen, Wochen, Wochen bleibt sie dann in dem Kokon.
Endlich frisst sie sich nach draußen,
fliegt als Schmetterling davon, fliegt als Schmetterling davon.

Refrain: Kleine Raupe Nimmersatt ...

Zum Lied:
Wir lernen spielerisch mit der Raupe Nimmersatt die Wochentage kennen, die Zahlen von 1-5, verschiedene Lebensmittel sowie außerdem den natürlichen Entwicklungszyklus vom Ei zum Schmetterling. Das Lied von Stephen Janetzko ist ein Spaß für Groß und Klein und verbindet und verstärkt diese Themen durch Mitbewegen
(Finger, Hand) sowie die einprägsame Melodie und kann so den thematischen Einsatz spielerisch erweitern.

Spielanregung:
Wir stehen/sitzen im Kreis. Ein Kind darf in die Mitte kommen und die Raupe spielen. Das Lied ist besonders schön, wenn wir es durch folgende Bewegungen begleiten:

Refrain:
-> Kleine Raupe Nimmersatt: Wir halten eine Hand als Faust in Brusthöhe vor den Körper (Handaußenfläche oben), nur der Zeigefinger ist ausgestreckt und wird mehrmals an die Hand gezogen und wieder ausgestreckt.
Dabei bewegen wir die Hand in Richtung Zeigefingerspitze, um die Bewegung der Raupe zu symbolisieren.
-> frisst sich durch ein grünes Blatt: Mit Zeigefinger und Mittelfinger machen wir eine Scherenbewegung, um das Fressen anzudeuten (oder mit der ganzen Hand eine Art "Pac-Man" machen). Außerdem darf mitgeschmatzt werden.
-> ist geschlüpft aus einem Ei: Daumen und Zeigefinger formen ein Ei. Das Handgelenk leicht bewegen, als würde das Ei wackeln (oder alternativ beide Hände gekreuzt und leicht gebogen übereinander halten, als würde sich darin ein zerbrechliches Ei befinden).
-> Raupe, komm herbei!: Wir halten eine Hand ausgestreckt Richtung Kreismitte in Brusthöhe vor den Körper (Handinnenfläche oben) und winken die Raupe entweder nur mit dem Zeigefinger (dann bleiben die anderen Finger angezogen) oder mit vier Fingern (außer Daumen) herbei.

Strophen:
-> Doch am Montag, Montag, Montag: mit dem Kopf nach links und rechts wippen
-> weil sie großen Hunger hat: den Bauch reiben (Statt "weil sie großen Hunger hat" können wir auch singen "weil sie mächtig Hunger hat" oder "weil sie Riesen-Hunger hat".)
-> frisst sie sich durch einen Apfel: fressen (wie beim Refrain beschrieben); größere Kinder können hier auch die Zahlen mit den Fingern einer Hand zeigen
-> und ist immer noch nicht satt: Kopf schütteln
-> und am Abend ist ihr schlecht: Hände auf den Bauch halten, Gesicht zusammenziehen und stöhnen (die Kinder lieben diese Stelle besonders, wenn sie sich imaginär übergeben dürfen)
-> ist ihr gar nicht gut zumut´: Hände auf den Bauch halten, Gesicht zusammenziehen und stöhnen
-> Endlich geht's ihr wieder gut: Arme jubelnd nach oben strecken und lachen
-> bleibt sie dann in dem Kokon: Arme um den Körper und zusammenrollen
-> Endlich frisst sie sich nach draußen: Arme weit öffnen und nach oben schauen
-> fliegt als Schmetterling davon: mit weit gestreckten Armen davon fliegen

Der Bauer auf dem Traktor

Text: Michaela Kölln/Stephen Janetzko; Musik: Stephen Janetzko; CD "Stark wie ein Baum"
© Edition SEEBÄR-Musik Stephen Janetzko, www.kinderliederhits.de

2. Der Bauer auf dem Traktor, der tuckert raus zum Feld,
der Bauer auf dem Traktor, der tuckert raus zum Feld:
Tuk-tuk-tuk-tuk, tuk-tuk-tuk-tuk, tuk-tuk-tuk-tuk, tuk-tuk-tuk-tuk.
Er wirft am frühen Morgen den Stallmist auf das Feld.
Er wirft am frühen Morgen den Stallmist auf das Feld.
Sei dabei, dideldum, dideldei, sei dabei, dideldum, dideldei.
Er wirft am frühen Morgen den Stallmist auf das Feld.

3. ... Er mäht mit guter Laune das Gras ganz kurz und klein.
4. ... Er presst mit der Maschine das Heu und lädt es auf.
5. ... Er erntet bis zum Abend Kartoffeln aus dem Feld.

6. ... Und ist die Arbeit fertig, dann fällt er müd' ins Bett,
und ist die Arbeit fertig, dann fällt er müd' ins Bett.
Gute Nacht, dideldum, dideldei, gute Nacht, dideldum, dideldei.
Und ist die Arbeit fertig, dann fällt er müd' ins Bett.

Wenn ich ein kleines Vöglein wär

Text: Paula Oehm; Musik: Stephen Janetzko; CD "Stark wie ein Baum"
© Edition SEEBÄR-Musik Stephen Janetzko, www.kinderliederhits.de

1. Wenn ich ein kleines Vöglein wär, dann wüsst' ich, was ich tät', ich säng' die schönsten Lieder mir von morgens früh bis spät. Refrain: Fide-ra-la-la, fi-de-ra-la-la, fi-de-ra-la-la-la - la -fi-de-ra-la-la-la - la-la-la-la - la.

2. Wenn ich ein kleines Vöglein wär,
dann könnte ich ja fliegen,
da würd ich auf dem höchsten Baum
mich in den Zweigen wiegen.
Fideralala, fideralala, fideralalalala - fideralala-lalalala-lala.
Fideralala, fideralala, fideralalalala - fideralalalalalalala.

3. Wenn ich ein kleines Vöglein wär,
dann flög ich um die Welt.
Ich flöge über`s weite Meer
dorthin, wo mir`s gefällt.
Fideralala, fideralala, fideralalalala - fideralala-lalalala-lala.
Fideralala, fideralala, fideralalalala - fideralalalalalalala.

4. Doch da ich ja kein Vöglein bin
und nur ein Menschenkind,
da bleib ich auf der Erde,
wo die andern Menschen sind.
Fideralala, fideralala, fideralalalala - fideralala-lalalala-lala.
Fideralala, fideralala, fideralalalala - fideralalalalalalala.

Wir freun uns schon auf Ostern!

Text: Andrea Lederer; Musik: Stephen Janetzko; CD "Stark wie ein Baum"
© Edition SEEBÄR-Musik Stephen Janetzko, www.kinderliederhits.de

1. Der Osterhase kommt schon bald, wir haben ihn gesehen.
Er hoppelt durch den dunklen Wald und kann nicht langsam gehen.

Refrain: Wir freun uns schon auf Ostern, auf dieses schöne Fest. Wir freun uns schon auf Ostern und auf das bunte Nest.

2. Der Osterhase kommt schon bald, wir werden ihn empfangen.
Er bringt uns Eier, bunt bemalt, weil wir ihm Lieder sangen.

Refrain: Wir freun uns schon auf Ostern...

3. Der Osterhase ist nun da, versteckt sich schon im Garten.
Auch wenn wir ihn dort springen sahn, wolln wir nicht länger warten.

Refrain: Wir freun uns schon auf Ostern...

4. Der Osterhase war jetzt da, wir haben ihn gesehen.
Beschenkte uns, wie jedes Jahr, kann nun nach Hause gehen.

Refrain: Wir freun uns schon auf Ostern...

5. Der Osterhase kommt bestimmt im nächsten Jahr gern wieder.
Dann freut sich auch schon jedes Kind und singt ihm Osterlieder.

Refrain: Wir freun uns schon auf Ostern...

April, April (der weiß nicht, was er will)

Text: volkstümlich; Musik: Stephen Janetzko; CD "Stark wie ein Baum"
© Edition SEEBÄR-Musik Stephen Janetzko, www.kinderliederhits.de

A-pril, A-pril, der weiß nicht, was er will. Bald schaut der Himmel trü-be drein, bald Regen und bald Sonnen-schein. A-pril, A-pril, der weiß nicht, was er will.

Schein, Sonne, scheine

deutscher Text: Stephen Janetzko (englischer Originaltext: Gerhard Bellosa);
Musik: Gerhard Bellosa, bearbeitet von Stephen Janetzko; CD "Stark wie ein Baum"
© Edition SEEBÄR-Musik Stephen Janetzko, www.kinderliederhits.de

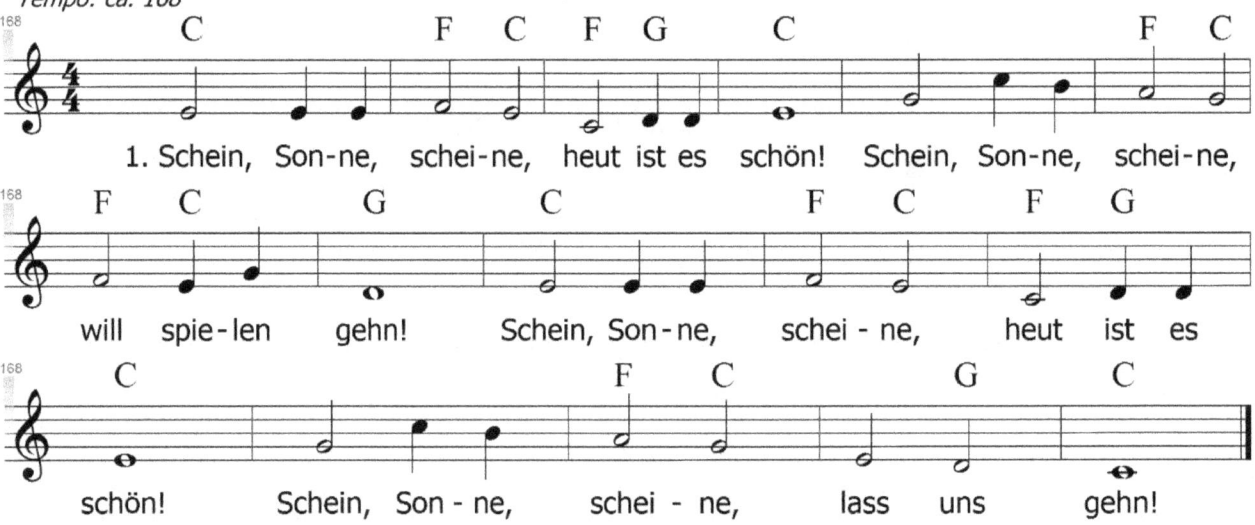

1. Schein, Sonne, scheine, heut ist es schön! Schein, Sonne, scheine, will spielen gehn! Schein, Sonne, scheine, heut ist es schön! Schein, Sonne, scheine, lass uns gehn!

2. Schweb, Wölkchen, schweb nur...
3. Blas, Windchen, blas nur...
4. Tropf, Regen, tropf nur...
5. Schnei, Flöckchen, schnei nur...

Hopplahopp, der Osterhase

Text und Musik: Stephen Janetzko; CD "Stark wie ein Baum"
© Edition SEEBÄR-Musik Stephen Janetzko, www.kinderliederhits.de

1. Hopp-la-hopp, der Os-ter-ha-se, hopp-la-hopp, hopp-la-hopp.
Hopp-la-hopp, es springt der Ha-se, hopp-la-hopp-la-hopp.

2. Hoppelt über grünen Rasen,
hopplahopp, hopplahopp.
Frischer Wind zieht durch die Nasen,
hopplahopplahopp.

3. Hoppelt langsam durch die Wälder
hopplahopp, hopplahopp.
Hoppelt schnell durch große Felder,
hopplahopplahopp.

4. Gibt es einmal Dauerregen
hopplahopp, hopplahopp,
möchte er sich unterlegen,
hopplahopplahopp.

5. Ruht sich aus am Lindenbaume
hopplahopp, hopplahopp.
Träumt nun einen Hasentraume,
hopplahopplahopp.

Hier ein Ei und dort ein Ei *(Die Ostereier-Suche)*

Text: Andrea Lederer/Stephen Janetzko; Musik: Stephen Janetzko; CD "Stark wie ein Baum"
© Edition SEEBÄR-Musik Stephen Janetzko, www.kinderliederhits.de

Refrain: Hier ein Ei und dort ein Ei...

2. Rot, gelb, grün, blau oder bunt,
liegen sie zur Osterstund.
Ganz egal, wo sie auch sind -
du wirst sehn, dass ich sie find!
Refrain: Hier ein Ei und dort ein Ei...

3. Eins liegt oben auf dem Dach,
eins bei mir im Schreibtischfach!
In der Küche auf dem Schrank!
Osterhase, vielen Dank!
Refrain: Hier ein Ei und dort ein Ei...

4. Überall sind sie versteckt,
wo hat er sie hingelegt?
In der Scheune unterm Stroh,
hinterm Zaun und sonst noch wo!
Refrain: Hier ein Ei und dort ein Ei...

Has, Has, erzähl mir was! (Osterlied)

Text: Andrea Lederer/Stephen Janetzko; Musik: Stephen Janetzko; CD "Stark wie ein Baum"
© Edition SEEBÄR-Musik Stephen Janetzko, www.kinderliederhits.de

Refrain: Has, Has, erzähl mir was...

2. Und zu der Osterfeier laden wir uns Freunde ein.
Wir suchen nach den Eiern, wollen ausgelassen sein.
Die Freude wächst nun Stund für Stund!
Rot, blau und gelb und kunterbunt,
so liegen sie im Nest für dieses Osterfest!

Refrain: Has, Has, erzähl mir was...

3. Was wir gefunden haben, essen wir mit Freude auf.
Denn bunte Eier schmecken gut und süße Hasen auch.
Ja, Ostern, das liebt jedes Kind,
seht, wie der Osterhase springt!
Und alle, groß und klein, die stimmen nun mit ein!

Refrain: Has, Has, erzähl mir was...

Hix-Hex, Hexe (Heut ist die Walpurgisnacht)

Text: K. Bucher; Musik: Stephen Janetzko; CD "Stark wie ein Baum"
© Edition SEEBÄR-Musik Stephen Janetzko, www.kinderliederhits.de

Hix-Hex! Heut ist die Wal-pur-gis-nacht, flugs, die He-xen-be-sen her-ge-bracht. Ein Feu-er wird ent-facht, und al-les singt und lacht. Hix-Hex! Heut ist die Wal-pur-gis-nacht. (Hexe spricht:) A-bra-ka-da-bra! Eins, zwei, drei. Hix - Hex! Hix - Hex, He - xe - rei!

2. Hix-Hex! Hexe, sing das Hexenlied. Sing, dann singen alle Hexen mit.
Sing laut beim Besenritt, auf geht´s im Sauseschritt.
Hix-Hex! Hexe, sing das Hexenlied.
Abrakadabra! Vier, fünf, sechs! Hix-Hex! Hix-Hex! Hix-Hex, Hex!

3. Hix-Hex! Hexe, hüpf auf einem Bein. Hüpf, so hoch du kannst, denn Spaß muss sein.
Hüpf über Stock und Stein und mach dich klitze-klein.
Hix-Hex! Hexe, hüpf auf einem Bein.
Abrakadabra! Sieb´n, acht, neun! Hix-Hex! Hix-Hex! Zauberei´n!

4. Hix-Hex! Hexe, tanz im Kreis herum. Tanz, die Trommel trommelt, fidibumm!
Tanz wild und dreh dich um, ganz laut mit viel Gebrumm!
Hix-Hex! Hexe, tanz im Kreis herum.
Abrakadabra! Zehn, elf, zwölf! Hix-Hex! Hix-Hex! Heulen Wölf!

5. Hix-Hex! Hexe, flieg weit durch die Nacht. Flieg, denn alle Hexen sind erwacht!
Flieg, weil es Freude macht, flieg, dass es zischt und kracht.
Hix-Hex! Hexe, flieg weit durch die Nacht.
Abrakadabra! Fidibus! Hix-Hex! Hix-Hex! Jetzt ist Schluss!

Die kleine Hexe Wolkenbruch (Hexen-Spiellied)

Text: Rolf Krenzer; Musik: Stephen Janetzko; CD "Stark wie ein Baum"
© Edition SEEBÄR-Musik Stephen Janetzko; www.kinderliederhits.de

2. Die kleine Hexe Wolkenbruch ist froh, wenn alle lachen und hext mit einem Zauberspruch die allerschönsten Sachen.
Sie weiß genau Bescheid! Schon wieder ist's soweit!
Jetzt sollen alle Dinosaurier sein!
Hei! Hei! Hexerei! Jeder kann sich freun.
Alle Leute können heute Dinosaurier sein! Di-, Di-, Dinosaurier können alle sein!

3. Die kleine Hexe Wolkenbruch ist froh, wenn alle lachen und hext mit einem Zauberspruch die allerschönsten Sachen.
Sie weiß genau Bescheid! Schon wieder ists soweit!
Jetzt sollen alle Wachmaschinen sein!
Hei! Hei! Hexerei! Jeder kann sich freun.
Alle Leute können heute Waschmaschinen sein! Wasch-, Wasch-, Waschmaschinen können alle sein!

4. Die kleine Hexe Wolkenbruch ist froh, wenn alle lachen und hext mit einem Zauberspruch die allerschönsten Sachen.
Sie weiß genau Bescheid! Schon wieder ist's soweit!
Jetzt sollen alle Pinguine sein!
Hei! Hei! Hexerei! Jeder kann sich freun.
Alle Leute können heute Pinguine sein! Ping-, Ping-, Pinguine können alle sein!

5. Die kleine Hexe Wolkenbruch mit ihrem Zauberbesen, die ist mit uns die ganze Zeit so richtig froh gewesen.
Jetzt ist der Spaß vorbei. Drum sagt sie: "Eins! Zwei! Drei!"
Jetzt steigt auf euren Hexenbesen und fliegt noch ein Stückchen mit!"
Hei! Hei! Hexerei! Wartest du denn schon?
Auf, mein lieber Hexenbesen, trag' mich nun davon! Hex-, Hex-, Hexenbesen, trag mich nun davon!

Erst kommt der Sonnenkäferpapa
(Der Sonnenkäferreigen)

Text Refrain, 1.+2. Strophe: trad./ Text 3.+4. Strophe: Stephen Janetzko;
Musik: Stephen Janetzko; CD "Stark wie ein Baum"
© Edition SEEBÄR-Musik Stephen Janetzko; www.kinderliederhits.de

Refrain: Erst kommt der Sonnenkäferpapa...

2. So machen sie den Sonntagsgang
auf unsrer Gartenbank entlang.

Refrain: Erst kommt der Sonnenkäferpapa...

3. Sie fliegen hin, sie fliegen her,
denn das macht Spaß und ist nicht schwer!

Refrain: Erst kommt der Sonnenkäferpapa...

4. Am Abend gehn sie in ihr Bett,
sie schlafen süß und träumen nett.

Refrain: Erst kommt der Sonnenkäferpapa...

Natur pur (Warum sind wir so dumm?)

Text: Mathias R. Schmidt; Musik: Stephen Janetzko; CD "Stark wie ein Baum"
© Edition SEEBÄR-Musik Stephen Janetzko; www.kinderliederhits.de

2. Lasst doch die Vögel singen und die Forellen springen,
lasst bloß den Wald in Ruh und baut nicht alles zu.
Lasst ein Stück von der Natur zur Abwechslung auch einmal pur!

Refrain: Warum, warum sind wir so ...

3. Drum träumt jetzt neue Träume, pflanzt Blumen, Büsche, Bäume,
und lasst die Tümpel stehn, dann könnt ihr Frösche sehn.
Lasst ein Stück von der Natur zur Abwechslung auch einmal pur!

Refrain: Warum, warum sind wir so ...

Mama, ach, ich hab dich lieb (Mama-Lied)

Text und Musik: Stephen Janetzko; CD "Stark wie ein Baum"
© Edition SEEBÄR-Musik Stephen Janetzko; www.kinderliederhits.de

2. Mama, wenn du bei mir bist, dann hab ich keine Sorgen,
Mama, komm und spiel mit mir und denk nicht nur an morgen!
Mama, hast du´s schon gewusst, ich bin dein größter Fan!
Mama, Mama, Mama, ich find dich wunderschön!
Mama, Mama, Mama, ich find dich wunderschön!

3. Mama, ach ich hab dich lieb, du bist die Allerbeste!
Mama, darum drück ich dich, ich drücke dich ganz feste!
Mama, hast du´s schon gewusst, ich bin dein größter Fan!
Mama, Mama, Mama, ich find dich wunderschön!
Mama, Mama, Mama, ich find dich wunderschön!

Mein Papa ist der Champion (Papa-Lied)

Text und Musik: Stephen Janetzko; CD "Stark wie ein Baum"
© Edition SEEBÄR-Musik Stephen Janetzko; www.kinderliederhits.de

Refrain: Mein Papa ist der Champion, mein Papa ist der Held. Wie schön, wenn Papa mich in seinen starken Armen hält. Mein Papa ist der Größte, und ich, ich hab ihn lieb! Und kommt er heim, dann ruf ich: Papa, toll, dass es dich gibt! 1. Wir gehen gern spazieren und auch gern in den Zoo. Und auch auf allen Vieren spielen wir so froh!

Refrain: Mein Papa ist der Champion...

2. Wir lieben es zu kuscheln, und Fußball spieln wir auch!
Ich kitzel seine Arme und lieg auf seinem Bauch!
Refrain: Mein Papa ist der Champion...

3. Wir gehen gerne schwimmen und fahren mit dem Rad.
Wir tollen auf der Wiese und pflücken uns Salat!
Refrain: Mein Papa ist der Champion...

4. Er trägt mich auf den Schultern und wirft mich in die Luft.
Aus tausenden von Papas erkenn ich ihn am Duft!
Refrain: Mein Papa ist der Champion...

Der kleine Wassergeist

Text: Ulrike Blucha, Stephen Janetzko; Musik: Stephen Janetzko; CD "Stark wie ein Baum"
© Edition SEEBÄR-Musik Stephen Janetzko; www.kinderliederhits.de
Tempo: ca. 200

1. Auf dem Mühlrad, keck und dreist, sitzt ein kleiner Wassergeist. Fröhlich dreht er manche Stund' mit dem Wasser seine Rund'.
Ref.: Runter geht es mit "Au - wei!" Luft anhalten! Eins, zwei, drei. Pudelnass kommt er heraus. Schüttelt sich dann kräftig aus.

2. Ist er oben angelangt,
winkt er mutig mit der Hand.
Pass gut auf, du kleiner Wicht,
Achte auf dein Gleichgewicht!
Refrain: Runter geht es ...

3. Uups, nun ist es doch geschehn
und der Geist nicht mehr zu sehn.
Planscht jetzt durch den Wasserlauf,
taucht im Mühlteich wieder auf.
Refrain: Runter geht es ...

4. In dem Mühlteich, keck und dreist,
schwimmt der kleine Wassergeist.
Kichert leise vor sich hin,
denkt: Nun bleib ich, wo ich bin!
Refrain: Runter geht es ...

DIE CD ZUM BUCH:

Stephen Janetzko:
CD Stark wie ein Baum -
Frühling, Natur, Ostern, Hexentanz (Walpurgisnacht), Muttertag (und Vatertag)

Über die CD:
Stark wie ein Baum - Frühling, Natur, Ostern, Walpurgisnacht, Muttertag
20 frühlingsfrische Lieder für Kinder zum Zuhören, Mitsingen, Tanzen und Bewegen von und mit Stephen Janetzko.
Für jüngere Kinder im Kindergarten-, Vorschul- und Grundschulalter (2-8 Jahre).

Erweiterte Ausgabe ab sofort erhältlich: Enthält zusätzlich zur bisherigen Fassung ein 12-seitiges Booklet mit allen Liedtexten.

Alterszielgruppe ca. 2-10 Jahre, ideal 3-8 Jahre - Spieldauer ca. 56:32 min.
Best.-Nr. 91033-273 - ISBN 978-3-941923-39-3
INFO & SHOP: **www.kinderliederhits.de** - © SEEBÄR-Musik (Labelcode LC 05037)

WEITERE ERSCHIENENE BÜCHER IM VERLAG STEPHEN JANETZKO:

- Christa Baumann/Stephen Janetzko:
Früchte, Früchte, Früchte - Basteln, Spielen und Experimentieren rund um Natur, Obst, Kräuter und Rohkost.
Mit 30 einfachen Liedern, Rezepten, Geschichten und vielen Kreativideen -
ISBN 978-3-95722-051-3

- Kati Breuer & Stephen Janetzko:
Polonäse - Neue Kinderlieder zum Ankommen, Bewegen, Mitmachen, Ausruhen und Tschüs sagen:
Das Liederbuch mit allen Texten, Noten und Gitarrengriffen zum Mitsingen und Mitspielen-
ISBN 978-3-95722-071-4

- Kati Breuer:
Piepmatzlieder - 25 frische Singhits für fröhliche Kinder zum Schaukeln, Trippeln, Stampfen und Zappeln:
Das Liederbuch mit allen Texten, Noten und Gitarrengriffen zum Mitsingen und Mitspielen -
ISBN 978-3-95722-078-3

- Christina Klenz:
Gute Nacht, flüstert die Elfe: Eine zauberhafte Einschlafgeschichte mit Fantasiereise -
ISBN 978-3-95722-077-6

- Stephen Janetzko:
Es schneit, es schneit, es schneit! – Ein Schnee-und-Winter-Lieder-Buch:
Das Liederbuch mit allen Texten, Noten und Gitarrengriffen zum Mitsingen und Mitspielen (Viele neue Schnee-Lieder für Winter und Fasching) -
ISBN 978-3-95722-076-9

- Christa Baumann/Stephen Janetzko:
Und wieder brennt die Kerze - Das große Mitmach-Buch für Advent und Weihnachten:
Mit 25 einfachen Liedern, Kreativideen, Rezepten, Geschichten und tollen Winter-Aktionen -
ISBN 978-3-95722-068-4

- Stephen Janetzko:
Augen Ohren Nase - Neue Mitmach-, Lern- und Spielkreis-Lieder von Stephen Janetzko:
Das Liederbuch mit allen Texten, Noten und Gitarrengriffen zum Mitsingen und Mitspielen -
ISBN 978-3-95722-070-7

- Stephen Janetzko:
Das Licht einer Kerze - Die 25 schönsten Weihnachtslieder:
Das Liederbuch mit allen Texten, Noten und Gitarrengriffen zum Mitsingen und Mitspielen -
ISBN 978-3-95722-067-7

- Stephen Janetzko:
Der Herbst ist da - Die 25 schönsten Herbstlieder:
Das Liederbuch mit allen Texten, Noten und Gitarrengriffen zum Mitsingen und Mitspielen -
ISBN 978-3-95722-065-3

- Christa Baumann/Stephen Janetzko:
Ein bisschen so wie Martin - Das große Kindergarten-Buch für Herbst und Sankt Martin:
Mit 25 bekannten und neuen Liedern fürs Laternenfest, vielen Geschichten und tollen Herbst-Aktionen -
ISBN 978-3-95722-064-6

- Stephen Janetzko:
Sankt Martin ritt durch Schnee und Wind - Die 25 schönsten Laternenlieder:
Das Liederbuch mit allen Texten, Noten und Gitarrengriffen zum Mitsingen und Mitspielen -
ISBN 978-3-95722-061-5

- Christa Baumann/Stephen Janetzko:
Indianer - Das große Lieder-Geschichten-Spiele-Bastelbuch.
Singen, reiten, kochen, erzählen, tanzen, feiern, trommeln und kreativ sein mit vielen tollen und einfachen Indianer-Aktionen für Kinder-
ISBN 978-3-95722-060-8

Zu allen Büchern sind begleitende CDs separat erhältlich!

... mehr Info, mehr CDs, mehr Lieder & Noten:
www.kinderliederhits.de

Stephen Janetzko

Mit einer 20-minütigen MC „Der Seebär" fing alles an, heute sind es weit über 600 Kinderlieder, die der gebürtige Hagener Liedermacher bereits auf über 50 CDs und in zahllosen Liedsammlungen veröffentlicht hat. Viele davon, wie „Hallo und guten Morgen", „Wir wollen uns begrüßen", „Augen Ohren Nase", „Das Lied von der Raupe Nimmersatt", „Hand in Hand" oder „In meiner Bi-Ba-Badewanne", werden heute gesungen in Kindergärten, Schulen und überall, wo Kinder sind.

www.kinderliederhits.de

Alle Rechte vorbehalten.

Dieses Werk ist urheberrechtlich geschützt. Jegliche Vervielfältigung und Verwertung ist nur mit Zustimmung der Autoren bzw. des Verlags zulässig. Das gilt insbesondere für Übersetzungen, die Einspeicherung und Verarbeitung in elektronischen Systemen sowie für das öffentliche Zugänglichmachen wie zum Beispiel über das Internet.
Ein Nachdruck oder eine Weiterverwertung ist nur mit schriftlicher Genehmigung des Verlags möglich.

© Verlag Stephen Janetzko, **www.kinderliederhits.de**

Raum für eigene Notizen:

www.kinderliederhits.de

Raum für eigene Notizen:

www.kinderliederhits.de

www.ingramcontent.com/pod-product-compliance
Lightning Source LLC
Chambersburg PA
CBHW081503040426
42446CB00016B/3379